BEI GRIN MACHT SICH IHR
WISSEN BEZAHLT

- Wir veröffentlichen Ihre Hausarbeit,
  Bachelor- und Masterarbeit

- Ihr eigenes eBook und Buch -
  weltweit in allen wichtigen Shops

- Verdienen Sie an jedem Verkauf

Jetzt bei www.GRIN.com hochladen
und kostenlos publizieren

Bibliografische Information der Deutschen Nationalbibliothek:

Die Deutsche Bibliothek verzeichnet diese Publikation in der Deutschen National-
bibliografie; detaillierte bibliografische Daten sind im Internet über http://dnb.d-
nb.de/ abrufbar.

Impressum:

Copyright © 2016 GRIN Verlag
Druck und Bindung: Books on Demand GmbH, Norderstedt Germany
ISBN: 9783668983724

Dieses Buch bei GRIN:

https://www.grin.com/document/489892

Lisa Geissler

Bewertung eines Gruppentrainings in einem Step Aerobic Kurs und Planung einer Wirbelsäulengymnastik

GRIN Verlag

Deutsche Hochschule für

Prävention und Gesundheitsmanagement

Hermann Neuberger Sportschule 3

66123 Saarbrücken

Einsendeaufgabe

Fachmodul: Gruppentraining I

Studiengang: Bachelor of Arts Fitnessökonomie

Datum

Präsenzphase   **24.04.2016 – 28.04.2016**

Name, Vorname: Geissler, Lisa

Studienort: **Berlin**

Semester: **2. Semester**

Inhaltsverzeichnis

1 Besuch einer Kurseinheit

1.1 Phasenverlauf des besuchten Kurses

Wir mussten für die Einsendeaufgabe Gruppentraining I einen Kurs in unserem Studio besuchen, da es aber in meinem Club keine Kursangebote gibt, bin ich in ein anderes Studio gegangen und habe dort an einem Step Aerobic Kurs teilgenommen.

Vorab muss man sagen, dass es sehr positiv von der Kursleiterin war, den Raum schon 20 min vor Beginn des eigentlichen Kurses aufzuschließen, somit konnte man den Kursraum schon betreten, jeder der Teilnehmer konnte sich ein Step nehmen und sich schon einen Platz aussuchen. Falls man vor dem Kurs eine Frage gehabt hätte, hätte man die Kurleiterin fragen können bzw hätte mit ihr kommunizieren können, da sie sich auch schon von Anfang an im Raum aufhielt. Punkt 18 Uhr begann der Step Aerobic Kurs. Die Leiterin begrüßte alle und stellte sich zunächst einmal vor, damit die Teilnehmer, die neu waren, auch wusste mit wem sie es zu tun hatten. Anschließend erkundigte sie sich nach dem Empfinden der Teilnehmer und fragte auch noch nach, wer an dem Abend neu in dem Kurs war, diejenigen durften direkt in die erste Reihe kommen, denn die anderen, die schon des Öfteren dabei waren, kennen die meisten Schritte schon. Als nächstes überprüfte sie, dass keine Gegenstände auf dem Boden lagen, an denen man sich verletzen könnte und anschließend musste jeder kontrollieren, dass sein Step fest auf dem Boden steht und es nicht verrutscht, wenn man drauftritt. Bevor es losging schaute sie noch einmal, dass alle Teilnehmer sie sehen konnten und stellte den einen oder anderen Teilnehmer nochmal woanders hin bis es passte. Zu guter Letzt gab sie jedem ein Überblick über den Kurs, damit jeder ungefähr wusste, was in der nächsten Zeit passiert oder gemacht wird.

Und dann startete sie auch die Musik und sie begann mit der allgemeinen Erwärmung. Zunächst kamen erst einmal nur ein paar „Basic Steps", wie March, Toe Tap, Leg Curl oder Knee Lift ohne die Armbewegung, um das Herz- Kreislauf- System auf das Kommende vorzubereiten und somit wird auch eine gute Überleitung vom Alltag zum Training schaffen. Nach einem flüssigen Übergang zu der spezielle Erwärmung versuchte die Kursleiterin verstärkt die Muskelgruppen vorzubereiten, die im Hauptteil am meisten beansprucht werden sollen, zusätzlich kam das Step und ein paar Gewichte hinzu, um die Bewegungsabläufe etwas schwieriger zu gestalten. Zu den Basic Steps kamen nun auch noch die Arme hinzu und es kam das Step zum Einsatz. Um den Schwierigkeitsgrad an dieser Stelle etwas zu erhöhen, wurde nun aus 2 Schritten eine Schrittfolge. Nach dem die ersten Teilnehmer nun etwas ins Schwitzen gerieten wurde eine kleine Pause eingelegt, in der man etwas trinken konnte. Anschließend ging es sofort zum dem Hauptteil über. Aus dem relativ einfachem Marschieren, wurde ein V- Step in dem man auf das Step hinaufsteigen und hinuntersteigen sollte, die Arme wurden dabei abwechselnd zur Decke gestreckt. Alle Schrittfolgen wurden immer ein paar Mal wiederholt.

Um den Schwierigkeitsgrad noch ein bisschen zu erhöhen, sollte sich jeder Teilnehmer 2 Hanteln (jeweils 1kg) nehmen und sich wieder hinter sein Step stellen. Die Leiterin begann schmale und breite Kniebeuge vorzuführen in Begleitung der Armbewegung, die hierbei sehr intensiv war, da die Hanteln diese Bewegung doch etwas erschwerten. Anschließend ging es weiter mit dem Schritt Knee lift. Während das Knie nach oben geführt wurde, wurden die Arme an dem Knie vorbei von oben herunter geführt und das alles im Takt der Musik. Die Hanteln wurden nun wieder weggeräumt. Und die Leiterin begann wieder mit der Schrittfolge, die die Teilnehmer jetzt schon kannten. Um den Kurs nicht zu ermüden, begann sie die Schrittfolge ab zu ändern und nun ein paar Drehelemte mit einzubauen. An dieser Stelle zeigte sich, wer von den Teilnehmern wirklich koordinativ veranlagt war.

Für den gesamten Step Aerobic Kurs verwendete die Leiterin die sogenannte Blockmethode. Hierbei wird eine Schrittfolge (2 einzelne Schritte) geübt bis jeder es verstanden hat und danach wurde eine weitere, neue Schrittfolge geübt und erst, wenn auch diese jeder verstanden hatte, konnte man alle Schrittfolge zusammen durchgehen und daraus wurde letztendlich ein choreografischer Block.

In den letzten 10- 15 min folgte noch das Cool- down I, in dem der Puls und die Körpertemperatur wieder gesenkt werden sollte. Das geschah mit einfachen Übungen, die die Leiterin schon zu Beginn in der speziellen Erwärmung mit der Gruppe durchgegangen ist. Auch hier gab es wieder einen fließenden Übergang zum Cool- down II. Hier führte die Trainerin nun Dehnübungen durch z.B. für Oberschenkel- und Wadenmuskulatur, aber auch für die Rumpfmuskulatur.

Als letztes verabschiedet sich die Leiterin nochmal von allen, bedankte sich für das tolle Mitmachen und freut sich auf einen nächsten Kurs mit den Teilnehmern.

Im Großen und Ganzen kann man sagen, dass das ein sehr guter Aufbau einer ausdauerorientierten Kurseinheit war.

1.2 Motorische Fähigkeiten im besuchten Kurs

Die zwei hauptsächlich angesprochenen motorischen Fähigkeiten waren in diesem Kurs Koordination und Kraft.

Die motorische Fähigkeit Kraft wird in drei Erscheinungsformen unterschieden, in die Maximalkraft, die Schnellkraft und die Kraftausdauer. Letzteres steht im Step Aerobic Kurs im Vordergrund. Sie charakterisiert sich dadurch, dass sie den Kraftverlust bei höheren Wiederholungszahlen innerhalb einer bestimmten Zeit möglichst gering zu halten versucht. Das ständige auf und absteigen auf das Step ist für die Bein- und Gesäßmuskulatur sehr intensiv. Aber auch die Arme werden durch die intensive Auf- und Abbewegung gestärkt. Somit sind für die motorische Fähigkeit Kraft Übungen wie Knee Lift und Biceps Curl oder Leg Curl mit Brustpresse sehr effektiv.

Die motorische Fähigkeit Koordination ist ein wichtiger Teil jeder einzelnen Bewegung. Hier ist das Zusammenspiel von der Skelettmuskulatur und dem Zentralnervensystem von großer Bedeutung. Die Koordination setzt sich aus verschiedensten Fähigkeiten des Menschen zusammen. So verbessert man beispielsweise die Rhythmusfähigkeit, denn man nimmt einen vorgegebenen Rhythmus wahr und setzt ihn in eine Bewegung um. Hierfür sind Schrittfolgen mit Drehungen oder Kreuzschritte mit einer bestimmten Armbewegung sehr gut.

1.3 Betrachtung des Kursleiterverhaltens

Funktion des Dienstleisters

Diese Funktion hat die Kursleiterin sehr gut erfüllt, denn sie war schon 20 min vor Beginn des Kurses im Raum anwesend und stand somit für Fragen der Teilnehmer zur Verfügung und konnte somit auch gleich alle neuen Teilnehmer persönlich begrüßen und herzlich willkommen heißen. Dadurch füllte sich jeder Teilnehmer integriert und hat zusätzlich auch noch viel Spaß bei dem Training in der Gruppe. Sie schien auch gut vorbereitet gewesen zu sein und wusste genau, wie der Ablauf des Kurses ist.

Funktion des Vorbilds

Direkt bei der ersten Begegnung viel einem auf, dass sie ein sehr gepflegtes Äußeres hatte, sie trug saubere und passende Kleidung sowie funktionelles Schuhwerk. Ihre nette, freundliche, authentische und sympathische Art behielt sie über den ganzen Kurs hinweg. Bei der Übungsdurchführung hatte sie stets eine gute Körperspannung und lächelte immer dabei.

Funktion des Animateurs

Mit dem Aufschließen des Kursraums wird die Leiterin zu einer anderen Person, sie vergisst den Alltagsstress, die privaten Probleme und ist ab jetzt nur noch für ihre Kursteilnehmer da. Generell machte sie einen sehr entspannten und netten Eindruck, hat Spaß bei dem was sie tut und leitet dies an ihre Teilnehmer weiter. Sie verteilte viel Lob in der Gruppe und motivierte jeden einzelnen Teilnehmer.

Funktion des Lehrers

Zunächst einmal wirkte sie sehr strukturiert und gut vorbereitet, was für solch ein Gruppentraining essentiell ist. Zudem hat sie jeden, der den Raum betritt, nett und freundlich mit einem sympathischen Lächeln begrüßt. Vorab hat sie sich auch direkt erkundigt, wie es jedem Mitglied geht bzw. ob es irgendwelche Einschränkungen hat.

2 Externe Bedingungen einer Kurseinheit

Zu den Rahmenbedingungen zählt zum Beispiel die Größe des Kursraums. Jeder Teilnehmer, welcher an dem Kurs teilnimmt, braucht einen Platz von 4m ^{2}, sonst wird es ziemlich eng. Das heißt man muss also beachten wie groß der Raum tatsächlich ist bzw. wie viel Teilnehmer passen rein. Unter anderem gehört auch die Ausstattung zu den Rahmenbedingungen. Man sollte vor jedem Gruppentraining checken, ob genüg Geräte, die benötigt werden, vorhanden sind oder auch ob diese vielleicht irgendeine Art von Mängeln aufweisen. Und natürlich sollte man auch schauen, ob sie sauber sind und sich in einem benutzbaren Zustand befinden. Auch die Musik bzw. die Anlage sollte überprüft werden, ob alles funktioniert und auch ob alle Lautsprecher funktionstüchtig sind.

Ansonsten sollte der Raum sauber und der Boden und die Spiegel gereinigt sein. Auch die Planung ist eine Rahmenbedingung. Man sollte Tages- und Jahreszeiten beachten, denn wenn man im Hochsommer zur Mittagszeit schweißtreibende Kurse durchführt, kommt es ganz schnell zu Kreislaufproblemen oder zu schneller Erschöpfung. Deshalb wäre es angebracht im Sommer möglichst früh oder abends vermehrt Kurse zugeben, aber auch hier braucht man eine gute Abwechslung, denn es gibt Mitglieder, die sehr gerne Morgensport treiben, aber andere wiederrum kommen nicht in Schwung und trainieren lieber abends. Bei der Zielgruppe ist es primär, wie bei den Rahmenbedingungen bereits erwähnt, dass geplant wird, wie viele Teilnehmer in einen Raum passen bzw. wie groß der Kursraum ist, um dann die Teilnehmerzahl zu bestimmen. Zum einen muss man sich dementsprechend Gedanken machen, wie viel Kursteilnehmer es geben soll, aber auch ob genügend nutzbare Geräte vorhanden sind. Je nachdem wie groß oder klein eine Gruppe ist, kann man dann auch den Inhalt daran anpassen. Mit einer kleineren Gruppe kann man Übungen machen, wo der Leiter gut korrigieren kann, das macht sich sonst in einer großen Gruppe sehr schlecht. Und zudem muss man natürlich auch den Leistunsgrad bestimmen. Steckt Anfänger und Fortgeschrittene Teilnehmer zusammen, kann es sein, dass sich der Anfänger schnell überfordert bzw. der fortgeschrittene Teilnehmer unterfordert fühlt und somit hat letztendlich niemand Spaß an den Kursen und das sollte man möglichst so gut es geht vermeiden. Die Zielsetzung ist auch ein wichtiger Teil des Gruppentrainings. Davon hängt ab, wie sich ein Kursinhalt zusammensetzt, was aber auch, was aber auch im direkten Zusammenhang mit der Zielgruppe steht. Man kann zum einen genauer auf die Ausführung verbeschiedener Übung achten, man kann aber auch die Motorik, die über einen bestimmten, längeren Zeitraum verbessert werden soll, achten.

3 Kursplananalyse

KURSPLAN - FITNESSCLUB 59

MONTAG	DIENSTAG	MITTWOCH	DONNERSTAG	FREITAG	SAMSTAG
10:00 - 10:55 Bauch Beine Po Trainer: Jana	10:00 - 11:00 Fit am Morgen Trainer: Katja	10:00 - 10:45 Body Fit Trainer: Vic	10:00 - 11:00 Rückenfit Trainer: Katja	10:00 - 11:00 Ganzkörperworkout Trainer: Margitta	10:00 - 11:00 Indoor Cycling Trainer: Jana
11:00 - 12:00 Flexi Bar Trainer: Jana		10:45 - 11:30 Zirkeltraining Trainer: Vic		11:00 - 12:00 Yoga Trainer: Margitta	11:00 - 12:00 Yoga Trainer: Eva
17:15 - 18:00 Wirbelsäulengymnastik Trainer: Jana	17:00 - 18:00 Yoga Trainer: Margitta	17:00 - 18:00 Piloxing Trainer: Vic	16:45 - 17:45 Pilates Trainer: Cornelia	15:30 - 16:30 Pilates Trainer: Margitta	**SONNTAG**
18:00 - 19:00 Brasil-Figurtraining Trainer: Jana	18:15 - 19:15 Energy Circle Trainer: Andy	18:00 - 18:30 Six Pack Trainer: Katja	18:00 - 19:00 Bauch Beine Po Trainer: Anne	17:30 - 18:30 Energy Circle Trainer: Andy	10:30 - 11:30 Bauch Beine Po Trainer: Jana
19:00 - 20:30 Fatburner Cycling Trainer: Jana	19:15 - 20:15 Core Kicks Trainer: Andy	18:30 - 19:30 Power Dumbell Trainer: Alex	19:00 - 20:00 Zumba Trainer: Alex	18:30 - 20:00 Fatburner Cycling Trainer: Jana	
		19:30 - 20:30 Indoor Cycling Trainer: Alex	20:00 - 21:00 Piloxing Trainer: Vic		16:00 - 17:00 Ganzkörperworkout Trainer: Katja
					17:00-17:30 Six Pack Trainer: Katja

Genieße nach deinem Training einen leckeren Eiweiß-Shake. Alle Shakes auch zum Mitnehmen.
Die Kurse finden ab 4 Teilnehmern statt

Fitnessclub 59
Große Ulrichstraße 59
06108 Halle / Saale
Tel: 0345/ 2002441
www.fitnessclub59.de
info@fitnessclub59.de

FITNESSCLUB 59
BODY · WELLNESS · LIFESTYLE

Öffnungszeiten:
Montag - Freitag: 08:00-22:30 Uhr
Samstag / Sonntag: 09:00-19:00 Uhr
Feiertag: 10:00-16:00 Uhr

Stand 04 / 2014 Änderungen vorbehalten

Quelle: Google Bilder

Dieser Kursplan macht auf den ersten Blick einen sehr guten Eindruck. Es gibt mehrmals am Tag viele verschiedene Angebote. Für das Mitglied gibt es hier sogar einen großen Vorteil, es kann mit der Mitgliedschaft in diesem Studio an jedem Gruppentraining, was angeboten wird, teilnehmen. Aber auch für externe Kundschaft, die keinen Vertrag unterzeichnet haben, gibt es 10er Karten und Tageskarten mit denen man an diesen Kursen teilnehmen kann, sowie die Nutzung des Fitnessraums und der Saunalandschaft sind auch zusätzlich mit inbegriffen. Jeder, der in dem Studio trainiert oder zu Gast ist, kann die Kursangebote wahrnehmen. Man muss das ganze zunächst einmal aus der wirtschaftlichen Sicht betrachten. Wie groß ist Auslastung der einzelnen Räume oder wie ist die Angebotsstruktur, wurden wichtige Kleinigkeiten beachtet. Wenn man sich den Kursplan einmal genauer anschaut, stellt man fest, dass der Raum eine gute Auslastung hat, denn an einem Tag sind mindestens 5 Kursangebote. Hierbei wurde darauf geachtet, dass vormittags meistens eher ruhigere Kurse stattfinden wie z. B. Yoga, Rückenfit oder Fit am Morgen, somit kann man sagen, dass sich dieses Programm mehr nach den Senioren richtet. In der Mittagszeit finden keine Kurse statt, weil sich das wahrscheinlich nicht rentieren würde und die Auslastung des Raums wäre zu gering. Am Nachmittag geht das Kursangebot dann weiter. Nun kommen hier ein paar intensivere Kurse zum Angebot. Diese Programme sind dann für Schüler, Studenten oder Berufstätige angesehen, die sich nach einem langen Tag gerne etwas auspowern möchten. Aber auch im

Nachmittagsprogamm findet man eine große Abwechslung, von einer Wirbelsäulengymnastik bis hin zum Ganzkörperworkout ist für jeden was dabei.

Betrachtet man das ganze aus der organisatorischen Sicht, wendet sich das Blatt erst einmal. Man muss sagen, dass die Mittagspause ziemlich lange anhält. Es sind fast jeden Tag 5 Stunden zwischen dem vormittags- und dem Nachmittagsprogramm, was ich für eine lange Spanne halte. In dieser Zeit könnte man den Raum vielleicht für anderweitige Dinge nutzen wie z. B. für Seminare o.Ä. Auch wenn man einmal die Öffnungszeiten betrachten, ist sehr schnell erkennbar, dass dieses Studio von 8:30- 22:30 in der Woche geöffnet hat, die Kurse aber erst am Morgen um 10Uhr starten bzw. am Abend um 21:00 enden. Das hätte man vielleicht noch abwechslungsreicher gestalten können. Man benötigt zwar Zeit um sich nach und vor den Einheiten umzuziehen oder auch gegebenenfalls zu duschen, aber da wurde vor dem ersten und nach dem letzten Kurs zu viel Zeit eingeplant. Zudem bin ich auch mit der Verteilung der Kurse nicht ganz zufrieden, denn zwischen den einzelnen Kursen ist meistens keine Pause, das heißt, es ist theoretisch nicht einmal Zeit um den nächsten Kurs gut vorzubereiten oder die Materialien aus dem vorherigen Kurs ordentlich an die Seite zu räumen, denn soweit man das aus dem Plan herauslesen kann, gibt es nur einen Trainingsraum für das Kursangebot und das ist meiner Meinung nicht optimal überdacht worden. Jedoch ist es sehr positiv, dass genau zu den Stoßzeit viele verschiedene Programme angeboten und somit kann man sich aussuchen, wo man hingeht und mitmacht. Zuletzt wird noch die trainingswissenschaftliche Sicht betrachtet. Leider wurde nicht darauf eingegangen, welches Leistungsniveau welcher Kurs anbietet. Denn somit wird es für Neueinsteiger recht schwierig bei Kursen wie z.B. Power Dubwell mitzumachen oder auch mitzuhalten. Ein nächster positiver Punkt ist, dass jeder, der den Kursplan liest, weiß wie der Trainer heißt, trotzdem ist es schade, dass es weder die Zeit gibt, sich dem Kurs vorzustellen und ein paar Sätze zu sagen, noch sich von dem Kurs zu verabschieden. Nur wenn ein Kurs zu spät beendet wird, kommt man mit den restlichen, nachfolgenden in Verzögerungen, was für die Kunden sicherlich nicht sehr erfreulich ist. Zudem bauen die Kurse auch nicht aufeinander auf, d.h. das Kursangebot ist sehr durchgewachsen und bunt gemischt, was aber auch nicht unbedingt als Nachteil angesehen werden muss.

4 Planung einer Wirbelsäulengymnasik

4.1 Zielgruppe

Bei der Zielsetzung gibt es keine Grenze. Jeder, der Probleme mit der Wirbelsäule hat, ist willkommen. Das Alter spielt hier auch keine große Rolle. Es dürfte aber nicht mehr als 15 Teilnehmer sein, denn ansonsten wird die Gruppe zu groß und es wird schwierig alle Teilnehmer zu korrigieren. Das Leistungsniveau liegt hier bei Neueinsteigern und Anfängern.

4.2 Material

An jedem Platz der Teilnehmer liegt eine Gymnastikmatte bereit. Ansonsten braucht man keine weiteren Hilfsmittel oder Materialien für diesen Kurs

4.3 Stundenplanung

Tab. 1: Einleitung der Wirbelsäulengymnastik

Ziel der Übung	Übungsbezeichnung	Übungsbeschreibung	Belastungsgefüge	Bemerkung
Überblick verschaffen	Einleitende Worte, nett begrüßen und freundlich vorstellen	Trainer stellt sich vor, erklärt den Teilnehmern, was in dem Kurs gemacht wird, Teilnehmer erläutern deren Beschwerden	Ca. 5 min	Je nach Anzahl der Teilnehmer, kann dieser Teil länger/ kürzer dauern
Anregung des Herz- Kreislauf- Systems	Allgemeine Erwärmung	Die Teilnehmer bleiben aufrecht auf ihren Matten stehen, der Kopf wird von der rechten Schulter auf der Brust zur linken Schulter gekreist, Schulter kreisen vorwärts und rückwärts, und Schultern heben und senken, Abwechselnd auf die Fersen und Zehenspitzen stellen	Ca. 2-3 min	Es wird darauf geachtet, dass die Schulterblätter zusammengezogen werden, Bauchnabel wird permanent nach innen gezogen, Becken nach vorne ankippen, das Gesäß und die Beine sind unter Spannung
Streckung des Körpers	Im Stand strecken	Ausgangsposition: Füße stehen fest auf dem Boden, Fersen lösen sich nicht, Arme sind locker an der Seite des Körpers Endposition: Arme gehen von der Seite aus über den Kopf und werden zur Decke gestreckt, Fer-	3 Wiederholungen à 20 sek Zwischen den Sätzen 10 sek Pause	Der gesamte Körper zieht sich beim nach oben greifen in die Länge und wird gestreckt, Blick geht gerade aus, wenn die Arme nach oben geführt werden, geht der Kopf mit nach oben und schaut in Richtung der Hände

		sen lösen sich vom Boden, Hände greifen abwechselnd zur Decke		
Mobilisation	Katzenbuckel/ Hängebauch	Ausgangsposition: Man geht in den Vierfüßlerstand sodass Knie und Hände (schulterbreit auseinander) den Boden berühren, der Rücken ist gerade Endposition: Der Rücken krümmt sich nach oben und man macht einen „Katzenbuckel" / man krümmt den Rücken nach unten und lässt den „Bauch hängen"	TUT: 2/0/2 20 Wiederholung Katzenbuckel; 20 Wiederholungen Bauch hängen 30 sek. Pause und insgesamt 3 Wiederholungen davon	Hände bleiben schulterbreit, Knie bleiben hüftbreit, Bei dem Katzenbuckel wird der Kopf auf die Brust gelegt und bei dem Bauch hängen lassen wird der Kopf in den Nacken gelegt In der Ausgangsposition wird eingeatmet und in der Endposition ausgeatmet
Verbesserung der Körperwahrnehmung und der Körperhaltung	Spezielle Erwärmung	Ausgangsposition: Aufrechter Stand auf der Matte, Körper ist unter Spannung Arme werden vorwärts und rückwärts in großen Kreisen bewegt, Beim Herunterführen der Arme werden die Knie gebeugt und bei Hinaufführen der Arme werden die Fersen angezogen und man stellt sich auf die Zehenspitzen Arme werden an die Seite des	Ca. 5 min (mit entspannter Musik)	Brustbein wird zur Decke gezogen, Becken wird nach vorne gedrückt und der Körper ist unter Spannung, der Blick schaut geradeaus, Oberkörper kippt nicht nach

Kräftigung	Stärkung der Rücken-, Gesäß- und die Oberschenkelrückseitenmuskulatur Rumpfheber	Körpers genommen und man „krabbelt" mit den Fingerspitzen an der Oberschenkelaußenseite runter bis zum Knie und die Wirbelsäule wird seitlich gebeugt Rumpfkreisen, Arme werden in der Taille eingestellt und dann wird der Oberkörper nach vor und nach hinten abgewinkelt und große Kreise werden gemacht		vorne weg, man bleibt aufrecht und kippt das Becken wieder nach vorne Breiter stand, Knie sind durchgedrückt und der Rücken bleibt gerade

Tab. 2 Hauptteil der Wirbelsäulengymnastik

Kräftigung	Stärkung der Rücken-, Gesäß- und die Oberschenkelrückseitenmuskulatur Rumpfheber	Ausgangsposition: Die Teilnehmer legen sich mit dem Bauch auf die Matte, Arme und Beine werden vom Körper abgespreizt, Endposition: Arme und Beine werden angehoben und vom Boden gelöst	10 sek Halten und 10 sek lockern Insgesamt Ca. 3 min	Stirn bleibt auf der Matte liegen, In der Ausgangsposition einatmen und in der Endposition ausatmen Zehenspitzen sind gestreckt
Kräftigung	Stärkung der Bauchmuskula-	Ausgangsposition:	TUT: 2/0/2	Kopf bleibt gerade der Blick

tur	Aufrechter Stand; Händen stützen sich in der Taille ab, Knie sind gebeugt und das Becken wird angekippt. Endposition: Der Rumpf rollt sich ein und man macht einen „Crunch", das Becken bleibt vorne	30 Wiederholungen, 20 sek. Pause Insgesamt 3 Sätze	geht geradeaus, Becken bleibt angekippt und die Knie sind permanent gebeugt
Kräftigung Ganzkörperstärkung	Die Teilnehmer gehen in den Unterarmstütz, Schulterbreit, Daumen zeigen zur Decken und die Zehenspitzen sind aufgestellt, Gesäß nach oben drücken, man bildet eine Linie	20 sek. Die Position halten und 10 sek. Pause Insgesamt 5 Sätze	Blick geht zur Matte, Schuter nicht durchhängen lassen, der gesamte Körper steht unter Spannung
Kräftigung - Brücke Stärkung der Gesäßmuskulatur	Ausgangsposition: Die Teilnehmer legen sich flach auf den Rücken und die Beine werden im 90° Winkel angewinkelt, die Hände sind neben dem Oberkörper platziert Endposition: Das Gesäß wird angehoben und das Becken Richtung Decke geschoben, sodass der Körper eine gerade Linie bildet	30 Wiederholungen, 10 sek Pause Insgesamt 3 Sätze	Blick geht zur Decken, wenn das Gesäß nach oben geschoben wird ausatmen und beim herablassen wieder tief einatmen

Kräftigung	Rückenstärkung	Ausgangsposition: Die Teilnehmer gehen in den Vierfüßlerstand und strecken einmal den recht Arm lang noch vorne und das andere Bein nach hinten, Zehenspitzen sind lang	30 Wiederholungen auf jeder Seite mit 10sek Pause. Insgesamt 2 mal auf jeder Seite	Blick geht zur Matte, Rücken bleibt gerade, das Bein wird lang nach hinten gestreckt und das Gesäß- und die Schultermuskulatur wird angespannt

Tab. 3 Cool Down der Wirbelsäulengymnastik

Dehnung	Rücken entspannen	Die Teilnehmer gehen in den Vierfüßlerstand , das Gesäß liegt auf den Fersen auf und die Arme sind langgestreckt,	5 Wiederholungen, jeweils 10 sek Pause dazwischen	Blick ist zur Matte gerichtet, Gesäß bleibt auf dem Gesäß liegt, Stirn liegt auf dem Boden und der Rücken dehnt sich
Dehnung	- Brustdehner	Aufrecht hinstellen, die Beine sind schulterbreit geöffnet, die Amre gehen zur Seite, die Handflächen drehen sich zur Decke die Arme sind leicht angewinkelt. Die Arme werden nach oben geführt bis sich die Handflächen berühren, Arme federn nun wieder leicht zurück.	10-15 sek die Position halten, 10 sek Pause und insgesamt 10 Wiederholungen	Oberkörper bleibt aufrecht, Brustbein wird zur Decke angehoben, Becken ist nach vorne angekippt, langsam ein- und ausatmen, Blick ist nach vorn gerichtet
Dehnung	Dehnung der Wirbelsäule	Die Teilnehmer legen sich wieder mit dem Rücken auf die Gymnastikmatte, Beine sind im 90° Winkeln angestellt, die Arme sind auf schul-	15 sek Halten und 10 sek lösen Insgesamt 5 Wiederholungen	Der Rücken bleibt fest auf dem Boden, tief ein- und ausatmen, Becken wird Richtung Boden gedrückt.

		terhöhe vom Körper weggestreckt, Beide Knie kippen zu einer Seite und der Kopf zeigt in die gegenüberliegenden Seite,		
Entspannung Senkung der Körpertemperatur	Ein- und Ausatmen	Die Teilnehmer bewegen sich im Kreis und atmen tief ein und aus, Beim Einatmen gehen die Arme über den Kopf und beim ausatmen wird sie vor dem Körper wieder langsam heruntergeführt	Ca. 2 min	Rücken bleibt gerade, der Blick geht geradeaus, und es wird ganz langsam aufrecht gegangen
Abschluss	Feedbackrunde, Verabschiedung	Die Teilnehmer setzen sich noch einmal auf ihre Matte und	Ca. 2-3 min	Der Trainer verabschiedet sich und bedankt sich

Begründung:

Nach der Begrüßung aller Teilnehmer und nach einer kurzen Austauschrunde, geht jeder auf seine Gymnastikmatte und die Kursstunde beginnt richtig.

Zunächst geht es darum, dass das Herz- Kreislauf- System in Schwung kommt und sich die Körpertemperatur erhöht. Deshalb startet man zunächst einmal mit einfachen und leichteren Übungen, um erstmal richtig „warm" zu werden.

Anschließend geht es zur Kräftigung über und man geht auf die einzelnen Muskelpartien ein und trainiert diese. Es werden ein paar Übungen gemacht, die den ganzen Körper trainieren, aber auch nur einzelne Partien wie z.B. die Gesäß- oder auch die Bauchmuskulatur werden gefordert. Der komplette Körper muss trainiert werden, um im Endeffekt eine aufrichtige und gute Körperhaltung zu haben, denn so kann auch die Wirbelsäule entlastet und geschont werden.

Es wurden auch bewusst Übungen gewählt, in denen die Teilnehmer immer wieder aufstehen und sich wieder niederlassen, um in Schwung zu bleiben und nicht zu schnell auszukühlen.

Zum Schluss wurde nochmal ordentlich gedehnt, um die Muskeln wieder zu entspannen und zu entlasten. Die Körpertemperatur muss wieder gesenkt werden und der Puls wird wieder auf den Ruhepuls zurückgebracht werden.

Zum Ende hin setzen sich alle noch einmal zusammen und lassen alles revue passieren und um den Teilnehmern nochmal ein letztes Wort auf den Weg zu geben.

5   Literaturverzeichnis

6   Abbildungs- und Tabellenverzeichnis

6.1   Tabellenverzeichnis

6.2   Abbildungsverzeichnung

- Google Bilder